In den Schweriner Marienplatz gekrallt
Vier Entdeckungslinien

FSC
www.fsc.org
MIX
Papier aus ver-
antwortungsvollen
Quellen
Paper from
responsible sources
FSC® C105338

Herold zu Moschdehner

In den Schweriner Marienplatz gekrallt

Vier Entdeckungslinien

Bibliografische Information der Deutschen Nationalbibliothek
Die Deutsche Nationalbibliothek verzeichnet diese Publikation in der Deutschen Nationalbibliografie; detaillierte bibliografische Daten sind im Internet über http://dnb.d-nb.de abrufbar.

ISBN 978-3-7693-1059-7

Copyright (2024) Herold zu Moschdehner
Verlag: BoD · Books on Demand GmbH,
In de Tarpen 42, 22848 Norderstedt
Druck: Libri Plureos GmbH, Friedensallee 273, 22763 Hamburg
Alle Rechte bei dem Autoren.

9,99 Euro

Vorwort

Stellen Sie sich eine gigantische Hand vor, fest auf den Marienplatz in Schwerin gepresst, die Finger weit gespreizt und jeder in eine andere Himmelsrichtung weisend. Dies ist nicht nur ein Bild, sondern der Ausgangspunkt einer einzigartigen Reise um die Welt. Jeder Finger eröffnet eine neue Linie, eine Richtung, die uns von Schwerin aus schnurgerade durch Städte, Länder, Landschaften und Meere führt – und am Ende jeder Route finden wir uns wieder unter der Hand, die uns den Weg gewiesen hat.
Was Sie in diesem Buch erwartet, ist keine gewöhnliche Reiseführung. Hier folgt jeder Finger einer Linie, die konsequent in die Richtung weist, die ihm zugeteilt ist, und uns an Orte führt, die wir vielleicht nie als miteinander verbunden betrachtet hätten. Der Daumen weist nach Norden, in die kühlen, rauen Landschaften Skandinaviens und darüber hinaus. Der Zeigefinger öffnet uns den Weg nach Nord-Nordost, durch die Baltischen Staaten und weiter bis in die eisigen Regionen der Arktis. So schreiten wir weiter, Finger für Finger, Richtung für Richtung, bis wir mit dem kleinen Finger eine südöstliche Linie erkunden, die uns in die mediterranen, orientalischen und asiatischen Welten entführt. Jede Linie ist ein Abenteuer für sich, eine gerade Route, die uns immer wieder an neue und oft überraschende Orte führt. Wir begegnen Menschen und Kulturen, die ebenso vielfältig sind wie die Landschaften, durch die wir reisen. Jeder Finger enthüllt eine andere Seite unserer Welt und

bringt uns ein Stück näher an die Weite und Tiefe unserer Erde.

Dieses Buch lädt Sie ein, sich auf diese geradlinige Reise zu begeben – eine Reise, die uns zeigt, dass jede Richtung eine eigene Geschichte hat und dass selbst der kleinste Finger einer riesigen Hand auf dem Marienplatz uns eine Welt voller Wunder und Entdeckungen eröffnen kann.

Machen Sie sich bereit für eine Reise um die Welt, geführt von einer Hand, die alle Richtungen zeigt und uns zurückführt zum Anfang, erfüllt von neuen Eindrücken und einer veränderten Perspektive auf die Welt.

Einleitung: Die Hand auf dem Marienplatz

Mitten auf dem Marienplatz in Schwerin liegt sie, die unfassbare, lebendige Hand eines Riesen – aus Fleisch, Sehnen und Knochen. Kein Monument aus Stein oder Bronze, sondern die tatsächliche, grobschlächtige Hand eines Wesens, das einst über die Lande wanderte und nun still hier verweilt, die Finger weit auf dem Boden gespreizt, in einer letzten Geste von Besitznahme oder Verzweiflung. Sie ist weder warm noch kalt, eher fest und beinahe leblos, doch man könnte schwören, dass sich ihre Adern noch schwach pulsierend unter der Haut regen. Es heißt, dass diese Hand lebendig sei, gefangen in einer Art ewigen Schlaf. Manche behaupten, sie habe in einer fernen Zeit diesen Ort vor einem großen Unheil bewahrt und dabei das eigene Schicksal besiegelt. Die Hand ruht – aber was, wenn sie eines Tages wieder erwacht?
Diese Hand ist mehr als nur ein seltsames Überbleibsel eines unbekannten Wesens. Sie ist ein mystisches Portal, ein Symbol für die unzähligen Wege, die von diesem Ort in die weite Welt hinausführen. Jeder ihrer Finger zeigt in eine eigene Richtung, ein Fingerzeig, eine Einladung, das Verborgene und Unerforschte zu entdecken. Wohin führt der Daumen, der in Richtung des Schweriner Schlosses weist? Was verbirgt sich entlang der Linie, die der kleine Finger vorgibt? Wenn man nur weitergeht, unaufhaltsam und ohne Abweichung, wie viel von der Erde könnte man so entdecken?

In diesem Buch werden wir den Linien jedes Fingers folgen. Jeder Finger der Hand wird zu einem Führer durch eine eigene Geschichte, einen eigenen Weg, der uns um die ganze Welt führen wird, bis wir schließlich – voller Geschichten und Eindrücke – zur Hand zurückkehren. Der Daumen zum Beispiel, der in Richtung des Schweriner Schlosses zeigt, wird uns nicht nur bis zu den Gemäuern des Schlosses geleiten, sondern weiter, bis zu den fernen Küsten der Arktis, den Wäldern Amerikas, über Gebirge und durch Wüsten – eine gerade Linie durch die Welt, ohne Umwege und ohne Grenzen.

Diese Reise ist nicht einfach eine Wanderung, sie ist eine Erkundung von Zeit und Raum, von Kultur und Natur, die uns durch Städte, über Meere und durch verwunschene Landschaften führt.

Manche dieser Routen sind geprägt von dunklen Legenden, andere von romantischen Geschichten und fernen Mythen. Jeder Finger der Hand weist den Weg in ein anderes Kapitel der Weltgeschichte, das nur darauf wartet, entdeckt zu werden.

So beginnen wir unsere Reise. An diesem einen Ort, unter der lebenden Hand eines Riesen, die uns den Weg zeigt, wenn wir nur bereit sind, ihm zu folgen.

Kapitel 1: Der Daumen – Die Linie zum Schweriner Schloss und darüber hinaus

Unser Ausgangspunkt ist die unfassbare, lebendige Hand eines Riesen auf dem Marienplatz in Schwerin. Der Daumen dieser Hand zeigt fest und unmissverständlich in Richtung des Schweriner Schlosses, und wir beginnen unseren Weg, als würden wir genau diesem Fingerzeig folgen. Doch anders als bei einem gewöhnlichen Spaziergang stoppen wir nicht am Schloss – die Linie, die der Daumen vorgibt, führt uns darüber hinaus, geradlinig durch die Stadt, durch Wälder und Felder, über Grenzen und Ozeane, bis wir schließlich nach einer Weltumrundung wieder zum Marienplatz zurückkehren. Jedes Detail wird zum Puzzleteil auf dieser gewaltigen Linie.

---

1. Vom Marienplatz bis zur Schloßstraße

Der Weg beginnt am Marienplatz, direkt unter dem massiven Daumen, der sich in den Boden krallt. Von hier aus folgen wir der Linie, die sich schnurgerade nach Norden erstreckt. Zunächst gehen wir über den Marienplatz und biegen in die **Schloßstraße** ein, die uns direkt auf das Schweriner Schloss zuführt. Die Schloßstraße ist von alten Gebäuden gesäumt – rechteckige Fassaden, schmiedeeiserne Balkone, kleine Läden und Boutiquen, die für sich eine Geschichte erzählen. Wir passieren das **Alte Palais**, dessen neoklassizistische Fassade einen

Hauch von Schwerins reicher Geschichte widerspiegelt.

Nach etwa 400 Metern auf der Schloßstraße erscheint vor uns die **Schlossbrücke**, die in ihrer filigranen Bauweise über das Wasser zu schweben scheint. Wir betreten die Brücke und werfen einen Blick auf das **Schloss Schwerin**, das auf seiner eigenen Insel majestätisch thront. Die Brücke öffnet den Weg direkt zum Schloss, dem ersten markanten Punkt auf unserer Reise entlang der Linie des Daumens.

---

2. Durch den Schlossgarten bis zum Faulen See

Nachdem wir die Brücke überquert haben, setzen wir unseren Weg schnurgerade fort, vorbei am prächtigen Schloss und weiter in den **Schlossgarten** hinein. Der Schlossgarten ist ein weitläufiger Park, der sich in sanften Bögen über die Landschaft erstreckt, doch wir bleiben unserem geraden Kurs treu. Auf unserem Weg durch die Gartenanlagen passieren wir Blumenbeete, die in geometrischen Formen angelegt sind, und majestätische alte Eichen und Linden, die seit Jahrhunderten hier stehen. Der Duft von Rosen und frisch gemähtem Gras begleitet uns, während wir uns durch die stillen Wege des Schlossgartens bewegen.

Am nördlichen Ende des Schlossgartens gelangen wir an den **Faulen See**. Der See trägt seinen Namen wegen seines stillen, fast trüben Wassers. Wir folgen unserer Linie weiter, die uns entlang des südöstlichen Ufers des Faulen Sees führt. Dabei gehen wir durch eine ruhige, fast verwunschene Landschaft, in der sich Schilfgräser im Wind wiegen und Enten sanft über die Wasseroberfläche gleiten.

3. Durch den Stadtteil Großer Dreesch

Nach dem Faulen See stoßen wir auf die ersten Wohngebiete des Stadtteils **Großer Dreesch.** Der Großer Dreesch ist Schwerins größter Plattenbaukomplex, errichtet zu DDR-Zeiten, um Wohnraum für die wachsende Bevölkerung zu schaffen. Die geradlinigen Wohnblöcke wirken wie Monumente einer vergangenen Ära und heben sich durch ihre schlichte, funktionale Architektur vom restlichen Stadtbild ab. Unsere Linie führt uns mitten durch diesen Stadtteil, durch breite Straßen und Wege, die von hohen Plattenbauten gesäumt sind, die in schlichten, pastellfarbenen Tönen gestrichen sind.
Wir überqueren die **Dr.-Hans-Wolf-Straße** und setzen unsere Linie durch kleinere Wohnstraßen fort, in denen das Leben still zu sein scheint. Spielplätze, Einkaufszentren und Parks tauchen am Wegesrand auf, während wir geradewegs durch den Dreesch streben, der sich immer weiter in nördlicher Richtung ausdehnt.

4. Das Ende von Schwerin – Über die Wiesen und Felder Mecklenburgs

Nachdem wir den Großen Dreesch hinter uns gelassen haben, erreichen wir die nördlichen Ausläufer von Schwerin. Hier endet die Stadtlandschaft abrupt, und wir betreten eine offene Landschaft aus Feldern und Wiesen. Der Asphalt weicht nun einem schmalen, unbefestigten Weg, der uns durch die Felder führt, die in sattem Grün und Gold erstrahlen. Auf unserer Linie durchqueren wir kleine, anonyme Dörfer, die aus nur wenigen Häusern und Bauernhöfen bestehen, wie **Pinnow** und **Raben Steinfeld**.

5. Durch die Wälder Mecklenburgs

Die Felder gehen bald in eine dichte Waldlandschaft über – ein Waldstück, das als **Wittenburger Heide** bekannt ist. Hier wird der Weg zum Pfad, und wir folgen der Linie weiter durch das Unterholz. In der Wittenburger Heide ist es still und kühl, das Licht wird von den dichten Blättern der Bäume gedämpft. Der Weg schlängelt sich durch den Wald, und wir gehen an Bächen und moosbedeckten Steinen vorbei, während die Natur den Takt unserer Schritte bestimmt.

6. Über die Ostsee – Die Weite des Meeres

Unsere Linie führt uns schließlich zur Küste, wo der Wald endet und die Wellen der **Ostsee** beginnen. Hier müssten wir ein Boot besteigen, um dem Daumen weiter zu folgen. Der Kurs bleibt schnurgerade, durch die Ostsee hindurch, als gäbe es keine Hindernisse. Die Weite des Meeres liegt vor uns, mit endlosen Wellen, die sich an der Linie entlangziehen, die wir verfolgen.

7. Über die Ostseeküste – Vom Festland ins offene Meer

Nachdem wir die Wälder Mecklenburgs durchquert haben, stoßen wir auf die Küstenlinie der Ostsee bei **Zierow**, einem kleinen Ort, der direkt an der Küste liegt. Hier endet der Landweg, und wir stehen vor der unermesslichen Weite des Meeres. Die Ostsee erstreckt sich in sanften Wellen bis zum Horizont, und wir folgen weiter der Linie, die der Daumen vorgibt – jetzt über das Wasser.

Auf unserer Linie überqueren wir zunächst einige der kleinen Sandstrände und Buchten, die die deutsche Ostseeküste prägen. Während wir geradeaus auf das Meer zugehen, lassen wir die schmalen Küstenabschnitte hinter uns, die von Schilfgras und Dünen eingerahmt sind. Die letzten Rufe der Möwen, das Rauschen der Brandung und die salzige Meeresluft begleiten uns, bis das Festland hinter uns verblasst und wir uns in die offene See begeben.

---

8. Auf dem Wasser – Gerade Linie über die Ostsee

Nun folgen wir der Linie des Daumens, als würde ein unsichtbarer Wegweiser uns schnurgerade durch die Ostsee führen. Hätten wir ein Boot, würden wir direkt nach Norden segeln, über die endlosen Wellen hinweg, bis wir die Küsten von **Dänemark** erreichen. Auf dieser Linie passieren wir keine Inseln, keine Orientierungspunkte – nur das Meer und die kühle, klare Luft des Nordens. Unsere Linie führt uns direkt über die Wellen des

Fehmarnbelts, eine Meerenge, die sich zwischen Deutschland und Dänemark erstreckt.
Der Weg durch den Fehmarnbelt ist ruhig, die Wellen kräuseln sich sanft, und das Wasser schimmert in tiefem Blau. Bald nähern wir uns den dänischen Küsten, wo die ersten Anzeichen von Festland sichtbar werden.

9. Die Küste Dänemarks – Vom Festland bis zum Kattegat

Nachdem wir die Ostsee überquert haben, erreichen wir die dänische Küste in der Nähe von **Nakskov** auf der Insel Lolland. Hier setzt sich die Linie nahtlos fort, durch die kleinen, charmanten Dörfer Süddänemarks, die von strohgedeckten Häusern und bunten Gärten geprägt sind. Wir gehen weiter, durch Felder und Wiesen, vorbei an einsamen Bauernhöfen, die wie winzige Oasen in der offenen Landschaft liegen.
Unsere Linie führt uns auf dem dänischen Festland weiter nach Norden, durch **Nykøbing** auf der Insel Falster und dann nach **Vordingborg** auf Seeland. Hier wird die Landschaft lebendiger, die Straßen von Alleen und alten Linden gesäumt. Die Häuser sind farbenfroh und wirken fast wie aus einem Märchenbuch entsprungen.
Nach Vordingborg führt uns unsere Linie weiter über die dänische Hauptinsel Seeland, bis wir in der Nähe von **Helsingør** wieder auf die Küste treffen, wo die Ostsee ins **Kattegat** übergeht. An klaren Tagen kann man von hier aus die schwedische Küste sehen, und in der Ferne glitzert das Meer unter der Sonne.

10. Über das Kattegat nach Schweden

Am nördlichen Ende von Seeland überqueren wir
das schmale Gewässer des Öresunds und
erreichen die südwestliche Küste **Schwedens**.
Unsere Linie führt uns direkt nach **Helsingborg**,
einer Küstenstadt mit alten Festungen und
modernen Häfen. Hier treten wir wieder auf
festen Boden und setzen unseren Weg durch die
skandinavischen Länder fort.
Wir folgen einer geraden Linie, die sich quer
durch die dichten Wälder Südschwedens
erstreckt. Die Landschaft verändert sich nun
merklich – statt der sanften Hügel Dänemarks
finden wir uns bald in einer weiten, fast
unberührten Natur wieder. Die Straßen werden
schmaler, die Städte und Dörfer spärlicher. Wir
durchqueren eine kühle, stille Landschaft, die von
dichten Wäldern und zahllosen kleinen Seen
geprägt ist.

11. Durch Schweden und weiter nach Norwegen

Unsere Linie führt uns weiter durch die
südschwedischen Regionen, vorbei an **Jönköping**
und entlang des Vätternsees, einem der größten
Seen Schwedens. Die Küste dieses Sees ist wild
und rau, mit Felsen und Pinienwäldern, die sich
über das Wasser beugen. Der Vätternsee
begleitet uns eine lange Strecke, bis wir auf das
Hochland treffen, das sich in Nordschweden über
die Landschaft erhebt.
Nach Stunden oder sogar Tagen durch die
schwedischen Wälder kommen wir schließlich in

der Nähe von **Oslo** an, wo die Linie über die norwegische Grenze verläuft. Von hier aus folgen wir einer geraden Route durch Norwegens atemberaubende, felsige Landschaft, durch Fjorde, dichte Wälder und über Bergpässe, bis wir schließlich auf die Nordküste stoßen, wo das Land in das kalte Wasser des **Nordmeers** abfällt.

12. Das Nordmeer – Weiter zur Arktis

Die Reise wird nun noch kühler und unwirtlicher, während wir dem Verlauf unserer Linie weiter nach Norden folgen. Am Ufer des Nordmeers, in Norwegen, steigen wir in ein gedankliches Boot und setzen unsere Reise durch das eisige Wasser fort, das uns zur Arktis führt. Die Wellen sind rau und der Wind beißend kalt, während wir weiter gen Norden ziehen. Die Landschaft ist hier nur noch vereinzelt von kleinen Inseln gesäumt, die karg und felsig aus dem Wasser ragen.
Nach vielen Kilometern erreichen wir schließlich das arktische Eis, eine Landschaft aus Schnee und Kälte, die von geheimnisvollem Nordlicht erleuchtet wird. Hier gibt es nur das endlose Weiß der Gletscher und das scharfe Knirschen des Eises unter unseren Füßen.

13. Über die Arktis und zurück auf die andere Seite der Erde

Unsere Linie führt uns weiter über das Eis, immer geradeaus, durch die endlose, stille Weite der Arktis. Wir überqueren den Nordpol und setzen unseren Weg auf der anderen Seite der Erde fort, immer dem unsichtbaren Weg folgend, den der Daumen der Hand vorgegeben hat. Von der Arktis geht es wieder in wärmere Regionen, und die Reise durch neue Kontinente und Landschaften beginnt – eine Reise durch das gesamte Weltgefüge, die sich wie ein unsichtbarer Faden um den Globus zieht.

14. Durch die Tundra Russlands

Nachdem wir die eisige Weite der Arktis hinter uns gelassen haben, führt uns die Linie durch die einsame, endlose Tundra Russlands. Die Landschaft hier ist karg und von niedrigen Sträuchern und Moosen bedeckt, die dem harten Klima trotzen. Wir setzen unseren Weg über gefrorene Flüsse und vereiste Ebenen fort. In dieser menschenleeren Einöde sind die einzigen Anzeichen von Leben die flüchtigen Spuren von Tieren, die in der Ferne auftauchen und genauso schnell wieder verschwinden. Rentiere, Polarfüchse und gelegentlich sogar Eisbären könnten unseren Weg kreuzen.
Unsere Linie durchquert das nordrussische Gebiet der **Taimyr-Halbinsel**, das nördlichste Festlandgebiet Eurasiens. Hier ist es still, das Land unter einer dicken Schneeschicht begraben. Die Temperaturen fallen selbst im Sommer kaum über den Gefrierpunkt. Es ist eine Welt, die für Menschen schwer zugänglich ist und die uns an die äußersten Grenzen unseres Planeten führt.

15. Durch das nördliche Sibirien – In die Weiten der Taiga

Weiter südlich, jenseits der Tundra, treffen wir auf die Taiga, die unendliche russische Waldlandschaft. Die dichten, dunklen Kiefernwälder erstrecken sich bis zum Horizont und verleihen der Gegend eine mystische Atmosphäre. Die Taiga ist eine der letzten wirklich unberührten Wildnisse der Erde, und unser Weg führt uns durch diese stille, fast vergessene Welt. Wir durchqueren die Regionen um **Norilsk** und folgen unserer Linie schnurgerade weiter durch Wälder, die von Nebel und feuchter Erde erfüllt sind. Kleine Flüsse schlängeln sich durch das Unterholz, und das Rauschen des Wassers ist das einzige Geräusch, das diese Wälder durchbricht. Die Taiga scheint endlos, und die Tage vergehen, während wir weiter geradeaus wandern, ohne auf Straßen oder Dörfer zu stoßen.

16. Die mongolische Steppe – Eine Weite ohne Grenzen

Nachdem wir die Taiga durchquert haben, erreichen wir die Grenze zu **Mongolien** und stoßen auf die unendlich scheinende Weite der mongolischen Steppe. Die Landschaft öffnet sich plötzlich, und das dichte Grün der Wälder weicht einer goldgelben Grasfläche, die von niedrigen Hügeln und kleinen Gebirgszügen durchzogen ist. Hier gibt es kaum Straßen oder Wege – nur die endlose Steppe, über die wir weiter unserer Linie folgen.

Die Linie führt uns durch das Zentrum der
Mongolei, vorbei an vereinzelt auftauchenden
Nomadenzelten und grasenden Pferdeherden.
Der Wind fegt über das Land, und die Luft ist klar
und frisch. Unsere Route durchquert die Nähe zur
Hauptstadt **Ulaanbaatar** und setzt sich weiter
nach Süden fort, bis die Steppe in die trockenen
Ebenen der Wüste übergeht.

17. Die Wüste Gobi – Durch Sand und Stein

Weiter auf unserer Linie stoßen wir auf die
Ausläufer der **Wüste Gobi**, die sich wie ein
endloses, raues Land vor uns ausbreitet. Die Gobi
ist eine kalte Wüste, bekannt für ihre steinigen,
kargen Flächen und ihre extremen Temperaturen.
Der Boden ist hart und trocken, und die wenigen
Pflanzen, die hier wachsen, klammern sich an das
spärliche Wasser, das die Region bietet.
Unsere Linie führt uns durch das Herz der Wüste,
vorbei an hohen Sanddünen und kahlen Felsen,
die in der Ferne wie uralte Skulpturen erscheinen.
Die Tage in der Gobi sind heiß, die Nächte
bitterkalt. Hier begegnen wir Nomaden, die in
kleinen, isolierten Siedlungen leben, und
Kamelen, die sich an das karge Leben angepasst
haben. Die Stille ist überwältigend, und das Land
scheint zeitlos.

18. China – Vom Hochland in die Megastädte

Nach der Durchquerung der Gobi stoßen wir auf
die Grenzregionen Chinas. Die Linie führt uns
durch die Provinz **Inneren Mongolei** und weiter ins

Herz des Landes. Zunächst treffen wir auf das chinesische Hochland, eine Mischung aus Bergen, Flusstälern und weiten Ebenen, die in das dichte Netz der chinesischen Dörfer und Städte übergehen.
Unsere Route führt uns in Richtung der großen, dicht besiedelten Metropolen Nordchinas. Hier durchqueren wir Straßen voller Menschen, Gebäude, die sich dicht an dicht drängen, und modernste Architektur, die sich neben historischen Tempeln erhebt. Die Linie führt uns durch Städte wie **Peking**, vorbei an der Verbotenen Stadt, den endlosen Hochhäusern und den alten Hutongs. Der Kontrast zwischen Tradition und Moderne ist hier allgegenwärtig.

---

19. Der Gelbe Fluss und das Ostchinesische Meer

Von den Städten Chinas geht es weiter entlang des **Gelben Flusses**, einem der größten Flüsse des Landes, der unsere Route kreuzt. Wir folgen der Linie über den Fluss hinweg und setzen unseren Weg durch die östlichen Ebenen Chinas fort. Das Land wird hier immer flacher, und die letzten Ausläufer des Hochlands weichen weiten, fruchtbaren Feldern.
Unsere Linie führt uns weiter Richtung Osten, bis wir schließlich das **Ostchinesische Meer** erreichen. Hier endet das Festland, und die Reise geht erneut über das Wasser. Die Küste ist belebt und voller Fischerboote, die in den Gewässern fischen. Das Meer erstreckt sich in einem unermesslichen Blau, und die Linie setzt sich über die Wellen fort.

20. Über das Pazifikbecken – Die endlose Weite des Pazifiks

Unsere Linie verlässt das chinesische Festland und führt uns direkt über den Pazifik. Dies ist die längste Wasserstrecke auf unserer Reise, eine Route, die durch die unendliche Weite des Pazifiks verläuft, bis wir auf der anderen Seite wieder Land erreichen. Die Stille des Ozeans, die Weite des Himmels und das tiefe Blau des Wassers umgeben uns, während wir dem unsichtbaren Pfad folgen, der uns in die Ferne führt.
Nach hunderten von Kilometern Wasser erreichen wir die kleinen, verstreuten Inseln des Pazifiks. Zunächst taucht die **Inselgruppe der Marshallinseln** auf unserer Route auf, eine Ansammlung winziger Atolle und Riffe, die wie grüne Punkte auf dem blauen Meer verstreut liegen. Die Linie führt uns weiter, über das ruhige Wasser der Südsee, vorbei an kleinen Inselstaaten wie **Kiribati** und **Tuvalu**, bis wir die Südsee hinter uns lassen und in die Nähe der Küsten Südamerikas gelangen.

---

21. Südamerika – Die Anden und die Regenwälder Amazoniens

Wir setzen unseren Weg auf dem südamerikanischen Kontinent fort und landen an der Küste von **Ecuador**. Unsere Linie führt uns zunächst durch die Anden, das majestätische Gebirge, das sich wie eine Wirbelsäule durch den Kontinent zieht. Die schroffen Berggipfel, die kargen Hochebenen und die raue Natur prägen

die Landschaft, während wir auf unserer Route
auf indigene Dörfer, atemberaubende
Schluchten und alte Inka-Pfade treffen.
Hinter den Anden führt uns die Linie weiter in den
Amazonas-Regenwald, das grüne Herz
Südamerikas. Hier weicht die Kühle der Berge
einer feuchten, dichten Atmosphäre, und die Luft
ist schwer von Blättern und Erde. Die Bäume sind
riesig, das Grün überwältigend, und das Summen
von Insekten und das Geschrei von Vögeln erfüllt
die Luft. Der Amazonas ist lebendig und
undurchdringlich, eine Welt voller Geheimnisse
und unberührter Natur.

22. Durch Brasilien zum Atlantik

Wir setzen unsere Linie quer durch den Amazonas
fort und erreichen schließlich das brasilianische
Hochland. Die Landschaft öffnet sich und wird
trockener, und bald durchqueren wir das
Landesinnere von Brasilien. Der Weg führt uns
durch das Grasland und die Savannen des
Cerrado-Gebiets, bevor wir die Ufer des **Atlantiks**
erreichen.
Die Küste Brasiliens ist warm und tropisch, das
Wasser des Atlantiks glitzert in der Sonne. Unsere
Linie führt uns wieder hinaus aufs Meer, und wir
überqueren erneut den Atlantik, um die Reise
zurück nach Europa anzutreten.

23. Rückkehr nach Europa – Endstation Schwerin

Nach der Überquerung des Atlantiks erreichen wir
die Küsten Westeuropas und setzen unseren Weg

zurück nach Deutschland fort. Die Route führt uns
quer über das Festland, durch Frankreich und die
flachen Ebenen Norddeutschlands, bis wir
schließlich wieder die Stadtgrenzen Schwerins
erreichen. Der letzte Abschnitt führt uns zurück
über die bekannten Straßen, die uns schon am
Anfang begleiteten, und wir gelangen zurück
zum Marienplatz – und der wartenden
Riesenhand.

1. Vom Marienplatz durch die Arsenalstraße

Wir beginnen die Reise am Marienplatz, direkt unter dem ausladenden Zeigefinger, und folgen unserer Linie, die sich schnurgerade Richtung Nord-Nordost erstreckt. Zunächst betreten wir die **Arsenalstraße**, die uns durch das Herz Schwerins führt. Die Straße ist gesäumt von historischen Gebäuden, die ihre Geschichten stumm auf den Fassaden tragen. Links und rechts reihen sich charmante Cafés und kleine Läden aneinander, und die Atmosphäre ist belebt, eine Mischung aus Besuchern und Einheimischen, die ihren täglichen Weg durch die Stadt nehmen.
Wir setzen unseren Kurs fort, vorbei am **Arsenal**, einem beeindruckenden Gebäude aus dem 19. Jahrhundert, das heute als Landesmuseum dient und Schwerins kulturelles Erbe symbolisiert. Die Arsenalstraße mündet schließlich in die **Werderstraße**, und wir folgen der Route unbeirrbar weiter.

---

2. Über den Pfaffenteich zur Lübecker Straße
Unsere Linie führt uns auf die **Werderstraße**, die am westlichen Ufer des Pfaffenteichs entlangläuft. Der Pfaffenteich ist ein großer, rechteckiger See im Stadtzentrum, dessen glatte Wasseroberfläche die umliegenden Gebäude spiegelt. Entlang der Uferpromenade reihen sich prächtige Bürgerhäuser und Villen aus der Gründerzeit, die mit ihrer eleganten Architektur einen Hauch von Vergangenheit in die Gegenwart holen.

Am nördlichen Ende des Pfaffenteichs überqueren wir die Straße und betreten die **Lübecker Straße**, die sich weiter in Richtung Nord-Nordost erstreckt. Diese Straße bildet eine der Hauptverbindungen aus der Innenstadt Schwerins in die nördlichen Bezirke. Hier ändert sich das Stadtbild allmählich, und wir begegnen den ersten Wohngebieten, die das pulsierende Zentrum hinter sich lassen.

---

3. Durch die Schelfstadt in Richtung Großer Dreesch

Unsere Linie führt uns weiter durch die **Schelfstadt**, ein historisches Viertel, das von den engen, kopfsteingepflasterten Straßen und kleinen Häusern geprägt ist. Diese Gegend ist bekannt für ihre charmanten Altbauten und barocken Kirchen. Wir durchqueren die **Schelfkirche**, die direkt auf unserer Linie liegt, und lassen die Stadt bald hinter uns, während die Landschaft sich öffnet.

Nach der Schelfstadt erreichen wir die Randbezirke Schwerins, die langsam in das Stadtgebiet des **Großen Dreesch** übergehen, einem weitläufigen Plattenbauviertel. Der Große Dreesch, mit seinen charakteristischen DDR-Wohnblocks und breiten Straßen, wirkt funktional und schlicht, aber lebendig. Kinder spielen auf den Grünflächen, die die Wohnblöcke säumen, während wir unseren Kurs geradewegs durch den Stadtteil fortsetzen.

4. Die Stadt hinter uns – Über die weiten Felder Mecklenburgs

Nachdem wir den Großen Dreesch verlassen haben, öffnet sich die Landschaft, und wir finden uns in der flachen Ebene Mecklenburg-Vorpommerns wieder. Die Straße wird zur Landstraße, und die Umgebung ist von Feldern und kleinen Baumgruppen geprägt. Unsere Linie führt uns schnurgerade durch diese Landschaft, die so typisch für das norddeutsche Tiefland ist: endlose Weite, sanfte Hügel und der große, oft wolkenverhangene Himmel.
Wir durchqueren die kleinen Dörfer **Pampow** und **Zachow**, deren Bauernhöfe und Feldflächen die Umgebung dominieren. Das Leben hier ist ruhig und entschleunigt, und es scheint, als hätten die Menschen ihren Rhythmus dem gemächlichen Wechsel der Jahreszeiten angepasst.

---

5. Über die Elbe nach Niedersachsen
Weiter entlang unserer Linie nähern wir uns der Grenze zu Niedersachsen. Die Route führt uns über die **Elbe**, deren breiter Flusslauf hier die natürliche Grenze zwischen Mecklenburg und Niedersachsen bildet. Wir überqueren den Fluss über eine lange Brücke und betreten nun westdeutsches Gebiet.
Auf der niedersächsischen Seite der Elbe setzt sich die Landschaft mit weiten Feldern und kleinen Wäldern fort. Die Ortschaften entlang unserer Linie, wie **Bleckede** und **Hohnstorf**, sind beschauliche Dörfer, die von der Landwirtschaft

und der Nähe zum Fluss geprägt sind. Die Elbniederung ist eine weite, flache Ebene, die sich in alle Richtungen erstreckt und uns ein Gefühl von endloser Freiheit vermittelt.

---

6. Durch die Lüneburger Heide

Unsere Linie führt uns weiter nach Süden, direkt in die **Lüneburger Heide** hinein, eine einzigartige Kulturlandschaft, die von sandigem Boden, Heidekraut und Kiefernwäldern geprägt ist. Die Heide blüht im Spätsommer in sattem Lila, und das weiche Licht verleiht der Landschaft einen fast mystischen Charakter. Hier und da begegnen wir Schafherden, die von Schäfern in traditioneller Kleidung gehütet werden – ein Anblick, der wie aus der Zeit gefallen wirkt.
Die Strecke durch die Lüneburger Heide führt uns an **Schneverdingen** vorbei, einem kleinen Ort, der als Tor zur Heide bekannt ist. Die Natur bestimmt das Bild, und die Ruhe dieser Landschaft wirkt beruhigend und kraftspendend.

---

7. Über die Weser nach Nordrhein-Westfalen

Hinter der Lüneburger Heide durchqueren wir weitere flache Gebiete, bis wir auf die **Weser** treffen, einen der großen Flüsse Norddeutschlands. Unsere Linie überquert die Weser und führt uns direkt nach **Minden** in Nordrhein-Westfalen. Minden ist eine Stadt mit einem reichen historischen Erbe und liegt direkt an der Grenze zwischen Niedersachsen und Nordrhein-Westfalen.

Hier erleben wir die alten Fachwerkhäuser und mittelalterlichen Kirchen der Stadt, bevor wir unseren Weg weiter fortsetzen. Unsere Linie führt uns entlang der sanft ansteigenden Hügellandschaften des Weserberglands, das sich wie eine natürliche Barriere vor uns erhebt.

8. Durch das Weserbergland und die Kasseler Berge

Unsere Linie führt uns weiter durch das Weserbergland, eine hügelige, waldreiche Region, die für ihre Wanderwege und malerischen Ausblicke bekannt ist. Die kleinen Ortschaften, die wir durchqueren, wie **Bad Pyrmont** und **Höxter**, sind von sanften Hügeln und Wäldern umgeben, die eine fast märchenhafte Atmosphäre schaffen.
Weiter südlich steigen die Hügel zu den **Kasseler Bergen** an, und die Landschaft wird gebirgiger. Hier durchqueren wir die Ausläufer des Mittelgebirges, wo die Bäume dichter stehen und die Wege sich durch dichte Wälder schlängeln. Die Kasseler Berge wirken wild und ursprünglich, ein Kontrast zur weiten Ebene des Nordens.

9. Über die Rhön und den Thüringer Wald

Nachdem wir das Weserbergland hinter uns gelassen haben, führt uns unsere Linie durch die sanfte Hügellandschaft der **Rhön**. Die Rhön ist eine UNESCO-Biosphärenreservat und bekannt für ihre unberührten Landschaften, die von Wiesen, Wäldern und Mooren geprägt sind. Hier treffen wir auf Wanderer und Naturfreunde, die die Ruhe und Weite dieser Region genießen.

Hinter der Rhön gelangen wir in den **Thüringer Wald**, ein weiteres Mittelgebirge, das von dichten Fichtenwäldern und klaren Bergbächen durchzogen ist. Unsere Route führt uns durch den Thüringer Wald, vorbei an malerischen Dörfern und kleinen Städten wie **Oberhof** und **Schmalkalden**. Die Natur dominiert hier, und der Wald wirkt oft fast undurchdringlich.

---

10. Der Vogtlandkreis und das Erzgebirge

Unsere Reise führt uns weiter südöstlich, bis wir den **Vogtlandkreis** in Sachsen erreichen. Diese Region ist bekannt für ihre Hügel und Berge sowie die traditionelle Handwerkskunst, die hier noch lebendig ist. Wir durchqueren Orte wie **Plauen** und folgen der Linie weiter, bis wir auf das Erzgebirge treffen.

Das **Erzgebirge** bildet die natürliche Grenze zwischen Deutschland und Tschechien und ist für seine jahrhundertealte Bergbautradition bekannt. Hier sehen wir alte Bergwerksanlagen und kleine, verschneite Dörfer, die an den Hängen der Berge kleben. Die Route durch das Erzgebirge bringt uns schließlich zur Grenze zu Tschechien.

---

11. Nach Tschechien und weiter nach Osten

Nachdem wir die Grenze zu Tschechien überquert haben, führt uns unsere Linie durch die **Böhmische Schweiz**, ein Nationalpark mit beeindruckenden Sandsteinfelsen und tiefen

Wäldern. Die Landschaft wirkt fast surreal, und die Felsen formen sich zu bizarren Gebilden, die von der Natur geschaffen wurden. Von hier aus setzen wir unsere Reise weiter nach Osten fort, durch das tschechische Hochland und in die Weiten Mitteleuropas.

Unsere Reise entlang der Linie des Zeigefingers geht weiter. Nachdem wir Tschechien durchquert haben, setzen wir unseren geraden Kurs durch Mitteleuropa fort. Die Landschaften verändern sich immer wieder, und jedes neue Land auf unserer Route bringt eigene Eindrücke, Kulturen und Landschaften mit sich. Unser Weg führt uns tiefer in den Osten Europas, bis wir schließlich das Festland verlassen und eine weite Strecke über das Meer zurücklegen müssen.

---

12. Durch Polen – Von den Sudeten zur Masurischen Seenplatte

Nachdem wir Tschechien hinter uns gelassen haben, erreichen wir die Grenze zu **Polen**. Unsere Linie führt uns zunächst in die Ausläufer der **Sudeten**, einer Gebirgskette, die sich entlang der polnisch-tschechischen Grenze erstreckt. Die Sudeten sind von dichten Wäldern und klaren Bergbächen geprägt, und die Route führt uns durch kleine, versteckte Dörfer, die in den Tälern liegen.

Weiter nördlich wird das Gelände flacher, und wir setzen unseren Kurs durch die weiten Ebenen Polens fort. Wir passieren **Breslau (Wrocław)**, eine Stadt voller Geschichte und beeindruckender gotischer Architektur. Die Oder fließt hier ruhig durch die Stadt und begleitet uns auf unserem Weg weiter nach Nordosten. Die Landschaft wechselt bald von den flachen Ebenen in die sanft gewellte **Masurische Seenplatte**. Diese Region ist bekannt für ihre unzähligen Seen, dichten Wälder und idyllischen Dörfer, die das Bild einer malerischen Naturlandschaft zeichnen.

13. Litauen – Durch das Baltikum

Von der Masurischen Seenplatte aus setzen wir unseren Weg nach Norden fort und überqueren die Grenze zu **Litauen**. Hier wird die Landschaft erneut von weiten Feldern, kleinen Wäldern und Flüssen dominiert. Die Stadt **Kaunas** liegt direkt auf unserer Route und bietet eine Mischung aus historischem Charme und modernem Flair. Unsere Linie führt uns weiter durch das ländliche Litauen, bis wir die Hauptstadt **Vilnius** erreichen. Die Altstadt von Vilnius ist bekannt für ihre barocken Gebäude und mittelalterlichen Straßen, die eine faszinierende Atmosphäre schaffen. Doch wir verweilen nicht lange und folgen weiter unserer Linie nach Nordosten, durch weite Wälder und Felder, die uns schließlich zur Grenze nach Lettland führen.

14. Lettland – Durch Riga und die Küstenlinie der Ostsee

In **Lettland** führt uns unsere Linie schnurgerade zur Hauptstadt **Riga**, die direkt an der Ostsee liegt. Die Altstadt Rigas, ein UNESCO-Weltkulturerbe, ist voller Jugendstilgebäude und Kopfsteinpflasterstraßen, die uns auf unserer Reise eine historische Atmosphäre bieten. Unsere Linie verläuft direkt durch das Zentrum von Riga, vorbei am Freiheitsdenkmal und den malerischen Straßencafés, die an die bewegte Geschichte dieser Stadt erinnern.

Nach Riga geht unsere Reise weiter entlang der Küste, vorbei an kleinen Stränden und Pinienwäldern, die von der Ostsee gesäumt sind. Das Wasser glitzert in der Sonne, und die frische Seeluft begleitet uns, während wir weiter nach Nordosten ziehen, bis wir die Grenze zu Estland erreichen.

---

15. Estland – Durch Tallinn und das finnische Meerbusen

Nach Lettland erreichen wir **Estland** und folgen der Linie direkt in die Hauptstadt **Tallinn**. Tallinn ist eine der am besten erhaltenen mittelalterlichen Städte Europas, und die Altstadt ist umgeben von hohen Mauern und Wachtürmen, die wie aus einer anderen Zeit erscheinen. Wir durchqueren die verwinkelten Gassen der Altstadt und folgen unserem Kurs unbeirrbar weiter.

Am nördlichen Stadtrand von Tallinn stoßen wir auf den **Finnischen Meerbusen** und bereiten uns darauf vor, die Ostsee erneut zu überqueren. Der finnische Meerbusen erstreckt sich in einem tiefen Blau vor uns, und unsere Route verläuft geradewegs nach Norden, auf die Küste Finnlands zu.

16. Die Überquerung des Finnischen Meerbusens – Nach Finnland

Unsere Linie verläuft über den Finnischen Meerbusen, und wir setzen unsere Reise über das Wasser fort, bis wir das finnische Festland erreichen. Die Strecke führt uns direkt nach **Helsinki**, die Hauptstadt Finnlands, die für ihre moderne Architektur und ihre enge Verbindung zur Natur bekannt ist. Unsere Linie führt uns durch die belebten Straßen der Stadt, vorbei an modernen Gebäuden, Grünflächen und kleinen Häfen.

Nachdem wir Helsinki durchquert haben, setzen wir unseren Kurs in das finnische Binnenland fort. Hier prägen endlose Wälder und Seen die Landschaft. Der Weg führt uns weiter nach Nordosten, durch eine Region, die wie aus endlosem Grün und glitzernden Wasserflächen besteht.

---

17. Karelien und das Weiße Meer in Russland

Weiter nach Nordosten überqueren wir die Grenze nach **Russland** und betreten die Region **Karelien**. Karelien ist eine abgeschiedene, dünn besiedelte Region, die von dichten Wäldern und unzähligen Seen durchzogen ist. Hier scheint die Zeit stillzustehen, und das Leben der Menschen folgt oft den Traditionen und Rhythmen vergangener Generationen.

Unsere Linie führt uns schließlich an die Küste des **Weißen Meeres**, dessen kalte, stille Gewässer das Land wie eine natürliche Barriere umgeben. Die Küste ist rau und unwirtlich, und das Wasser schimmert in einem kühlen, tiefen Blau. Wir setzen unsere Reise entlang des Weißen Meeres fort, bis wir die Halbinsel **Kanin** erreichen, die uns weiter nach Norden führt.

---

18. Über das Arktische Meer – Nach Spitzbergen

Nach der Küste Kareliens stoßen wir auf das **Arktische Meer** und folgen unserer Linie weiter über das Eis und die kalten Wellen des Nordens. Die Temperaturen sinken hier dramatisch, und die Landschaft besteht nur noch aus endlosen Eisfeldern und treibenden Eisschollen. Die Reise wird zu einer Herausforderung, doch unsere Linie bleibt bestehen und zieht sich geradewegs durch die Weiten des arktischen Eises.

Nach vielen Kilometern über das arktische Wasser erreichen wir die Inselgruppe **Spitzbergen**, die zu Norwegen gehört. Hier, inmitten der Arktis, ragen schroffe, schneebedeckte Berge aus dem Eis, und die wenigen Siedlungen wirken klein und zerbrechlich in der gewaltigen, kalten Landschaft. Die Inselgruppe ist von Gletschern und Fjorden geprägt, die eine ungezähmte, raue Schönheit ausstrahlen.

---

19. Rückkehr zum Festland – Über die Barentssee nach Skandinavien

Nachdem wir Spitzbergen hinter uns gelassen haben, setzen wir unsere Linie weiter nach Süden fort, über die **Barentssee**, die die norwegische Küste von der Arktis trennt. Die Barentssee ist oft

eisbedeckt und von rauen Wellen durchzogen,
die uns auf unserem Weg begleiten.
Schließlich erreichen wir wieder das Festland von
Norwegen, wo wir auf die abgelegene
Küstenregion **Finnmark** stoßen. Die Landschaft ist
karg und felsig, doch von einer besonderen
Schönheit, geprägt von Fjorden, Gletschern und
unberührten Wäldern. Die dünn besiedelte
Region vermittelt ein Gefühl der Weite und
Einsamkeit, und wir setzen unseren Weg weiter
durch das skandinavische Festland fort.

20. Durch Schweden und zurück über das Baltische Meer

Nachdem wir Norwegen hinter uns gelassen
haben, überqueren wir die Grenze zu **Schweden**
und durchqueren das nördliche **Lappland**, eine
Region, die für ihre endlosen Wälder und die
Sami-Kultur bekannt ist. Die Landschaft ist
geprägt von weiten Kiefernwäldern, Flüssen und
kleinen Dörfern, die wie Farbtupfer in der weiten
Natur wirken.
Unsere Linie führt uns weiter durch Schweden,
über die großen Seen **Vänern** und **Vättern**, und
schließlich erreichen wir die schwedische Küste
am **Bottnischen Meerbusen**. Hier setzen wir unsere
Reise über das Wasser fort und überqueren das
Baltische Meer, um wieder auf das Festland von
Deutschland zurückzukehren.

21. Rückkehr nach Deutschland – Endstation Schwerin

Nach einer langen Reise durch die skandinavischen Länder und über das Baltische Meer setzen wir unseren Weg durch Deutschland fort, bis wir erneut die Stadtgrenzen Schwerins erreichen. Die bekannte Landschaft Mecklenburgs breitet sich vor uns aus, und die vertrauten Straßen führen uns zurück zum Marienplatz, unter die Hand, die uns auf unsere Reise geschickt hat.

Kapitel 3: Der Mittelfinger – Die Linie nach Nordost

Der Mittelfinger der Riesenhand auf dem Marienplatz zeigt in eine direkte nordöstliche Richtung. Diese Route führt uns auf einen geraden Weg, der noch weiter östlich verläuft als der Zeigefinger, und die Linie wird zu einer unermüdlichen Fahrt durch die Weiten Europas und Asiens. Hier beginnt unsere Reise durch kontrastreiche Kulturen, vielfältige Landschaften und sich wandelnde Klimazonen – immer entlang der Route, die uns der Mittelfinger vorgibt.

---

1. Vom Marienplatz zur Wittenburger Straße

Unsere Reise beginnt erneut am Marienplatz, dieses Mal unter dem langen, ausgestreckten Mittelfinger. Die Linie führt uns direkt nordöstlich, und unser erster Abschnitt führt uns in Schwerin über die **Wittenburger Straße**. Die Straße ist gesäumt von kleinen Geschäften und Restaurants, die das Stadtzentrum beleben. Hier treffen Einheimische und Besucher aufeinander, und die Stadt bietet ein Gefühl von lebendiger Gemeinschaft.
Die Wittenburger Straße endet schließlich und führt uns in den Stadtteil **Neumühle**, ein ruhigeres Wohngebiet, das von grünen Wiesen und kleinen Parkanlagen durchzogen ist. Hier beginnt die Landschaft, sich zu öffnen, und die Stadtgrenzen von Schwerin liegen bald hinter uns.

2. Durch die Felder Mecklenburgs und entlang der Elbe

Nachdem wir Schwerin hinter uns gelassen haben, betreten wir die weiten Felder Mecklenburg-Vorpommerns. Die Route führt uns durch eine flache Landschaft, die von Ackerflächen, Wiesen und einzelnen Baumgruppen geprägt ist. Die Ruhe der Natur begleitet uns, und das weite, offene Land erstreckt sich bis zum Horizont.
Unsere Linie bringt uns zur **Elbe**, einem der großen Flüsse Deutschlands, den wir an der Grenze zwischen Mecklenburg und Brandenburg überqueren. Die Elbe fließt ruhig durch das Land, und ihre Ufer sind gesäumt von Wiesen und kleinen Wäldern. Auf der anderen Seite des Flusses setzen wir unsere Reise durch die ländlichen Gebiete Brandenburgs fort.

---

3. Brandenburg und das Oderbruch

Unsere Linie führt uns durch das ländliche Brandenburg, vorbei an kleinen Dörfern und Wäldern, bis wir das Gebiet des **Oderbruchs** erreichen. Diese Region ist eine breite Niederung, die von der **Oder** durchzogen wird. Das Oderbruch ist ein einzigartiges, sumpfiges Gebiet, das durch Kanäle und Gräben entwässert wurde und eine beeindruckende Naturkulisse bietet. Hier überqueren wir die Oder und setzen unseren Weg durch die weiten Landschaften Ostdeutschlands fort.

Die Linie führt uns weiter, durch das ruhige Land Brandenburgs, und bald überqueren wir die Grenze nach Polen.

---

4. Polen – Durch die Weiten Masowiens

Nachdem wir die Grenze zu Polen passiert haben, führt uns unsere Route direkt in die Region **Masowien**. Diese zentrale Region Polens ist von weiten Feldern, Wäldern und Dörfern geprägt, die die typische ländliche Landschaft Polens darstellen. Die Route führt uns durch die Hauptstadt **Warschau**, eine lebendige Stadt, die nach den Verwüstungen des Zweiten Weltkriegs wieder aufgebaut wurde und heute eine Mischung aus moderner Architektur und historischen Stätten bietet.

Nachdem wir Warschau durchquert haben, verlassen wir das Stadtgebiet und bewegen uns weiter in Richtung Nordosten, durch das ländliche Polen, wo sich endlose Felder und kleine Bauernhöfe aneinanderreihen.

---

5. Durch die Wälder Weißrusslands

Weiter entlang unserer Linie überqueren wir die Grenze nach **Weißrussland**. Die Landschaft verändert sich allmählich, und dichte Wälder und ruhige Seen prägen die Umgebung. Weißrussland ist bekannt für seine unberührte Natur, und die Route führt uns durch das Herz des **Białowieża-Waldes**, einem der letzten Urwälder Europas. Hier leben Wölfe, Elche und Wisente, und die alten

Bäume ragen hoch über uns auf, während wir den schmalen Pfaden folgen.
Unsere Linie verläuft weiter durch das ländliche Weißrussland, vorbei an kleinen, abgelegenen Dörfern und traditionellen Holzhäusern, die von einer anderen Zeit zeugen. Die Menschen hier leben in engem Kontakt zur Natur, und die Umgebung wirkt ruhig und zeitlos.

---

6. Russland – Über Moskau nach Sibirien

Unsere Route führt uns weiter nach Osten und über die Grenze nach **Russland**. Zunächst erreichen wir die Region um die Hauptstadt **Moskau**. Moskau ist eine riesige, pulsierende Metropole, deren berühmte Bauten, wie der Rote Platz und der Kreml, Zeugnisse der langen Geschichte und Macht des Landes sind. Die Stadt wirkt monumental und geschäftig, voller Menschen und Verkehr, aber unsere Linie führt uns weiter, ohne Halt, quer durch das Stadtgebiet und wieder hinaus in die Weite des russischen Festlandes.
Hinter Moskau wird die Landschaft einsamer und karger, und wir betreten die schier endlosen Weiten **Sibiriens**. Die Route führt uns durch unberührte Taiga, dichte Kiefernwälder und weite, stille Ebenen, die von Flüssen durchzogen sind. Die Städte und Dörfer werden seltener, und die Temperaturen sinken, während wir immer tiefer in die wilden Regionen Russlands eindringen.

7. Durch die karge Steppe Kasachstans

Nach den weiten Wäldern Sibiriens führt uns
unsere Linie weiter in den Süden und über die
Grenze nach **Kasachstan.** Hier verwandelt sich
die Landschaft von dichten Wäldern in weite,
trockene Steppen, die bis zum Horizont reichen.
Die **kasachische Steppe** ist eine endlose Ebene,
die von niedrigen Gräsern und Sträuchern
bedeckt ist und deren karger Boden unter der
Sonne glüht.
Unsere Linie führt uns durch diese trockene, raue
Landschaft, die fast menschenleer ist. Nur
vereinzelt treffen wir auf Nomadensiedlungen
und kleine Städte, die in dieser Weite verloren
wirken. Der Himmel scheint hier endlos, und die
Weite der Steppe vermittelt ein Gefühl von
Freiheit und Einsamkeit.

8. Über die Wüste Gobi nach China

Weiter südöstlich erreichen wir die Grenze zu
China und durchqueren die **Wüste Gobi.** Die
Gobi ist eine der größten und kargsten Wüsten
der Welt, eine Landschaft aus Sand, Steinen und
trockenem Boden, die von extremen
Temperaturen geprägt ist. Unsere Route führt uns
durch die endlose Weite der Wüste, vorbei an
riesigen Sanddünen und felsigen Ebenen, die wie
eine uralte Landschaft wirken.
Hier begegnen wir Kamelen, die sich an das
harte Leben in der Gobi angepasst haben, und
Nomaden, die in traditionellen Zelten leben und
ihre Herden durch die Wüste treiben. Die Stille der

Wüste ist allumfassend, und die Landschaft wirkt
wie eine fremde Welt.

---

9. Durch das Hochland von Tibet

Nachdem wir die Wüste Gobi durchquert haben,
führt uns unsere Linie weiter ins **Hochland von
Tibet**. Das tibetische Plateau, auch das "Dach der
Welt" genannt, erhebt sich majestätisch vor uns
und erstreckt sich mit seinen schneebedeckten
Gipfeln und kargen Ebenen. Die Luft ist dünn, und
die Höhenlage macht das Vorankommen
mühsam. Doch die Landschaft ist
atemberaubend, mit weiten, offenen Flächen
und Bergen, die in den Himmel ragen.
Die tibetische Kultur ist tief mit dem Buddhismus
verwurzelt, und auf unserer Route begegnen wir
kleinen Klöstern und bunten Gebetsfahnen, die
im Wind flattern. Die Stille und Erhabenheit dieser
Region hinterlässt einen bleibenden Eindruck.

---

10. Südostasien – Durch Myanmar und Thailand

Nach der Durchquerung des Hochlands von Tibet
führt uns unsere Linie weiter nach Südostasien. Wir
passieren die Grenze zu **Myanmar** und gelangen
in eine Region voller tropischer Wälder, Flüsse und
Berge. Myanmar ist bekannt für seine
buddhistischen Tempel und die dichte, grüne
Natur, die einen starken Kontrast zur kargen
Landschaft Tibets bildet.
Unsere Linie führt uns weiter nach **Thailand**, ein
Land voller Leben und Farben. Die tropische
Hitze, das Grün der Reisfelder und die

farbenfrohen Märkte schaffen eine lebendige Atmosphäre, die die Kulturen Asiens in sich vereint. Doch wir halten uns nicht auf und setzen unsere Linie fort, immer weiter nach Südosten.

11. Über den Pazifik und die Inselwelt Indonesiens

Unsere Route bringt uns schließlich an die Küste Südostasiens, wo wir erneut auf das Meer stoßen. Wir überqueren das **Südchinesische Meer** und gelangen in die Inselwelt **Indonesiens**. Hier führt uns unsere Linie über tropische Inseln, üppige Dschungel und Vulkane, die über das Land verteilt sind. Das türkisblaue Wasser und die weiße Küste bilden ein tropisches Paradies, das uns in eine andere Welt eintauchen lässt.

12. Über den Indischen Ozean bis zurück nach Afrika und Europa

Nach Indonesien führt uns die Linie über den offenen **Indischen Ozean**. Hier legen wir eine weite Strecke über das Wasser zurück, bis wir die Küste Ostafrikas erreichen. Die Route führt uns weiter über Land, durch die Wüsten und Savannen Afrikas, durchquert schließlich das Mittelmeer und erreicht Europa von Süden her. Nach einer langen, epischen Reise um den Globus kehren wir schließlich in die vertrauten Gefilde Deutschlands zurück und beenden unsere Reise erneut am Marienplatz in Schwerin.

Kapitel 4: Der Ringfinger – Die Linie nach Ost-Nordost

Der Ringfinger der Riesenhand auf dem Marienplatz zeigt sanft nach Ost-Nordost. Diese Linie führt uns in eine leicht östliche Richtung, die uns auf eine Reise durch verschiedene Kontinente und Kulturen bringt, bis wir erneut um die Erde kreisen und schließlich wieder zur Hand auf dem Marienplatz zurückkehren. Die Route des Ringfingers wird uns durch historische Städte, mystische Landschaften und uralte Kulturen führen – immer auf dem geraden Kurs, der uns vorgegeben ist.

---

1. Vom Marienplatz durch die Lübecker Straße zur Schelfstadt

Unsere Reise beginnt wieder auf dem Marienplatz, direkt unter dem ausgestreckten Ringfinger der Riesenhand. Die Linie führt uns in Richtung der **Lübecker Straße**, die uns von der Stadtmitte Schwerins hinausleitet. Hier spüren wir noch die Lebendigkeit des Stadtzentrums, doch je weiter wir voranschreiten, desto ruhiger wird die Umgebung.

Die Straße führt uns durch die **Schelfstadt**, ein altes Viertel mit Kopfsteinpflaster und restaurierten Barockhäusern. Dieses charmante Stadtviertel ist bekannt für seine verwinkelten Gassen und die **Schelfkirche**, die imposant über der Straße thront. Nachdem wir die Schelfstadt hinter uns gelassen haben, öffnen sich die Straßen und führen uns schließlich aus der Stadt hinaus.

2. Durch die Wälder und Seenlandschaft Mecklenburgs

Hinter Schwerin gelangen wir in die natürliche Landschaft von Mecklenburg, die von dichten Wäldern und zahlreichen Seen geprägt ist. Die Linie führt uns durch das Gebiet der **Lewitz**, einem großen Naturreservat mit weitläufigen Wiesen und kleinen Wäldern. Hier finden wir eine stille, fast verwunschene Landschaft vor, die uns in die Ruhe der Natur eintauchen lässt.

Die Route führt uns vorbei an kleinen Dörfern wie **Dümmer** und **Garwitz**, wo die traditionellen Backsteinhäuser und die umliegenden Felder eine ländliche Atmosphäre schaffen. Diese Region ist bekannt für ihre unberührte Natur und die weitläufige Seenlandschaft, die den Blick immer wieder auf kleine Inseln und verborgene Buchten lenkt.

---

3. Über die Grenze nach Polen – Durch das Lebuser Land

Unsere Linie führt uns weiter in Richtung Osten und überquert schließlich die deutsch-polnische Grenze. Wir gelangen in das **Lebuser Land**, eine Region in Polen, die von weiten Feldern, sanften Hügeln und dichten Wäldern geprägt ist. Hier durchqueren wir die Stadt **Gorzów Wielkopolski**, eine geschichtsträchtige Stadt, deren Altstadt und gotische Kirchen von der langen Geschichte der Region zeugen.

Nachdem wir Gorzów Wielkopolski hinter uns gelassen haben, setzen wir unseren Weg durch die polnische Landschaft fort, die von kleinen

Flüssen und Wäldern durchzogen ist. Die Route
führt uns vorbei an kleinen Dörfern, in denen die
Menschen ein einfaches, traditionelles Leben
führen.

4. Die Masuren – Seen und Wälder im Nordosten Polens

Weiter entlang unserer Linie erreichen wir die
Masuren, eine Region voller Seen und Wälder, die
sich im Nordosten Polens erstreckt. Die Masuren
sind bekannt für ihre unzähligen, oft
nebeneinanderliegenden Seen, die eine
traumhafte Kulisse bilden. Die Umgebung wirkt
fast unberührt, und die klare Luft und die weiten
Wasserflächen schaffen eine friedliche
Atmosphäre.
Wir durchqueren kleine Ortschaften wie **Mikołajki**
und **Giżycko**, wo die Menschen seit
Jahrhunderten in der Nähe der Seen leben. Die
Route führt uns an alten Burgen, Kirchen und
traditionellen Holzbooten vorbei, die auf den
klaren Wasserflächen der Seen treiben.

5. Durch Litauen – Vilnius und die Weiten der Wälder

Nach der Masuren-Region führt uns unsere Linie
weiter nach Osten, über die Grenze zu **Litauen**.
Die Landschaft hier ist geprägt von weiten
Wäldern und sanften Hügeln, die das Land in
einem grünen Schimmer erstrahlen lassen. Die
Hauptstadt **Vilnius** liegt auf unserem Kurs und
bietet mit ihren barocken Kirchen, gepflasterten

Straßen und lebhaften Plätzen einen einzigartigen
Anblick.
Vilnius ist eine Stadt voller Geschichte und
Tradition, doch unsere Linie führt uns weiter durch
die ländlichen Gebiete Litauens. Die Route
verläuft durch einsame Wälder und kleine Dörfer,
die oft von alten Holzhäusern geprägt sind und
das Leben der ländlichen Bevölkerung
widerspiegeln.

6. Weißrussland – Die stille Weite der Natur

Unsere Linie setzt sich weiter nach Osten fort, bis
wir die Grenze nach **Weißrussland** erreichen.
Diese Region ist von stillen, weitläufigen Ebenen
und dichten Wäldern geprägt. Wir durchqueren
das Gebiet von **Minsk**, der Hauptstadt, die uns
mit ihren breiten Straßen und monumentalen
Bauten in eine andere Welt entführt. Die Stadt
wirkt groß und imposant, doch wir verweilen nicht
lange und setzen unseren Kurs fort, durch die
weißrussische Natur.
Die Region ist voller kleiner Flüsse und Seen, die
die Landschaft wie Adern durchziehen. Die Natur
wirkt hier friedlich und unberührt, und wir sehen
immer wieder kleine Holzhäuser und Bauernhöfe,
die das einfache Leben der Menschen
widerspiegeln.

7. Durch die Ukraine – Von Kiew bis in die Weite der Steppe

Weiter entlang unserer Linie überqueren wir die
Grenze zur **Ukraine**. Die Route führt uns durch die

Hauptstadt **Kiew**, eine lebendige Stadt am Ufer des Dnipro-Flusses, die voller Geschichte und Kultur ist. Wir durchqueren das historische Zentrum mit seinen goldenen Kuppeln und orthodoxen Kirchen, die von der tiefen religiösen Tradition der Stadt zeugen.

Nach Kiew setzt sich unsere Linie weiter in Richtung Osten fort und führt uns in die weiten, offenen Steppen der Ukraine. Die Landschaft ist flach und endlos, und der Himmel scheint sich weit über uns zu erstrecken. Die Route bringt uns durch kleine Dörfer und Felder, wo das Leben einfach und ländlich ist.

---

8. Russland – Die weiten Ebenen bis zum Ural

Nach der Ukraine führt uns unsere Linie weiter nach Russland, wo wir die endlosen Ebenen des russischen Festlandes betreten. Die Route führt uns durch das südliche Russland, vorbei an kleinen Städten und Dörfern, die in der weiten Landschaft verloren wirken. Hier ist die Natur geprägt von weiten Feldern und Graslandschaften, die sich bis zum Horizont erstrecken.

Unsere Linie führt uns weiter, bis wir den **Ural** erreichen, das natürliche Gebirge, das Europa von Asien trennt. Die Berge ragen vor uns auf, und die Route führt uns über die sanften Hügel und durch die dichten Wälder des Urals, die ein Gefühl von Abgeschiedenheit und Ruhe vermitteln.

9. Durch Sibirien und die mongolische Steppe

Hinter dem Ural setzt sich unsere Reise weiter nach Osten fort, durch die unermesslichen Weiten **Sibiriens**. Hier sind die Landschaften von der Taiga geprägt, dichten Wäldern aus Kiefern und Birken, die das russische Festland bedecken. Die Städte und Dörfer werden seltener, und die Temperaturen fallen, während wir immer tiefer in die Wildnis eindringen.

Weiter südlich erreichen wir die **mongolische Steppe**, eine weite, offene Landschaft, die von niedrigen Hügeln und Grasflächen durchzogen ist. Hier leben die Menschen oft noch als Nomaden und folgen einer traditionellen Lebensweise, die sich seit Jahrhunderten kaum verändert hat. Die Steppe wirkt endlos und still, und wir setzen unseren Kurs in Richtung Osten fort.

10. China – Durch die Wüste Gobi bis zum Gelben Fluss

Nachdem wir die mongolische Steppe hinter uns gelassen haben, erreichen wir die **Wüste Gobi** im Norden Chinas. Die Gobi ist eine karge, trockene Wüste, die von Sanddünen und Felsen geprägt ist. Unsere Linie führt uns durch diese weite, unbarmherzige Landschaft, die von extremen Temperaturen und endloser Weite geprägt ist. Weiter südlich erreichen wir den **Gelben Fluss**, einen der wichtigsten Flüsse Chinas, der sich durch das Land schlängelt und eine historische Bedeutung hat. Wir setzen unsere Linie entlang des Flusses fort, bis wir die dichten Wälder und Berge im Süden erreichen.

11. Über das Meer nach Japan

Unsere Route bringt uns an die chinesische Küste, wo wir das **Ostchinesische Meer** überqueren. Die Linie führt uns über das Wasser und erreicht schließlich die Insel **Japan**. Wir durchqueren Japan von West nach Ost und gelangen durch Städte wie **Osaka** und **Kyoto**, die für ihre Tempel, Schreine und Traditionen bekannt sind.
Unsere Linie führt uns weiter nach Osten, durch die Hauptstadt **Tokio**, eine Stadt, die das Moderne und Traditionelle auf beeindruckende Weise vereint. Wir setzen unsere Reise durch die ländlichen Gebiete Japans fort, bis wir die Küste des Pazifiks erreichen.

---

12. Über den Pazifik – Die weite Strecke nach Amerika

Die Reise führt uns weiter über den Pazifik, wo wir eine lange Strecke über das Wasser zurücklegen, bevor wir die Küste Nordamerikas erreichen. Hier setzt sich unsere Linie durch die Vereinigten Staaten fort, über weite Ebenen, Gebirge und Täler, bis wir schließlich den Atlantik erreichen.

---

13. Zurück nach Europa und heim nach Schwerin

Über den Atlantik gelangen wir zurück nach Europa und setzen unseren Weg durch die vertrauten Landschaften Deutschlands fort. Nach einer epischen Rundreise um die Welt erreichen wir erneut den Marienplatz in Schwerin, und die Hand des Riesen erwartet uns, als wäre sie ein stiller Beobachter all unserer Reisen.

Kapitel 5: Der kleine Finger – Die Linie nach Südosten

Der kleine Finger der Riesenhand, die sich fest auf dem Marienplatz verankert, zeigt in eine leicht südöstliche Richtung – eine Route, die uns von Schwerin quer durch Südosteuropa und weiter nach Asien führt. Diese Linie eröffnet uns eine Reise in mediterrane, orientalische und asiatische Kulturen und Landschaften, die uns tiefer in das Unbekannte führt. Der kleine Finger deutet auf die geheimnisvollen und vielseitigen Regionen, die südöstlich von unserem Ausgangspunkt liegen.

---

1. Vom Marienplatz durch die Arsenalstraße und zum Berliner Platz

Unsere Reise beginnt wie gewohnt auf dem Marienplatz, diesmal unter dem kleinsten Finger der Hand. Die Linie führt uns in Richtung **Arsenalstraße**, die uns durch das Herz von Schwerin leitet. Nach einem kurzen Stück auf dieser Straße gelangen wir zum **Berliner Platz** und setzen unseren Weg in Richtung Südosten fort, vorbei an Geschäften, kleinen Cafés und der pulsierenden Atmosphäre des Stadtzentrums. Bald verlassen wir das belebte Zentrum und folgen den Straßen, die uns in die äußeren Stadtteile führen, bis wir die Stadt hinter uns lassen und die weite Landschaft Mecklenburgs betreten.

2. Durch die ländlichen Gebiete Mecklenburgs und in Richtung Elbe

Unsere Linie führt uns durch die weiten Felder Mecklenburgs. Die Route verläuft schnurgerade durch die landwirtschaftlich geprägten Flächen, die sich mit kleinen Waldstücken und Wiesen abwechseln. Wir passieren Dörfer wie **Lübtheen** und **Neuhaus**, deren Bauernhöfe und traditionelle Fachwerkhäuser einen ländlichen Charme ausstrahlen.
Schließlich erreichen wir die Ufer der **Elbe** und überqueren diesen großen Fluss. Die Elbe ist ein majestätischer Wasserlauf, der die Landschaft prägt und seit Jahrhunderten als Verkehrsweg dient. Auf der anderen Seite des Flusses betreten wir die Region Niedersachsen und folgen der Linie weiter in Richtung Südosten.

---

3. Durch Sachsen-Anhalt und die hügelige Landschaft von Thüringen

Nachdem wir Niedersachsen hinter uns gelassen haben, erreichen wir **Sachsen-Anhalt**. Hier führt uns unsere Route durch die alten Städte **Magdeburg** und **Halle (Saale)**, die beide reich an Geschichte und kulturellem Erbe sind.
Magdeburg, mit seinem berühmten Dom und den imposanten Bauwerken, lässt uns spüren, dass wir uns in einer Region voller historischer Bedeutung befinden.
Weiter südlich überqueren wir die Grenze nach **Thüringen** und gelangen in die hügeligen Landschaften, die von Wäldern und kleinen

Flusstälern geprägt sind. Die Route führt uns durch
die Stadt **Jena**, eine historische Stadt voller
Tradition und bekannt für ihre Universität. Von
Jena aus geht es weiter durch das ländliche
Thüringen, bis wir schließlich die Grenze zu Bayern
erreichen.

4. Bayern und die Alpen

Unsere Linie führt uns weiter durch Bayern, und wir
passieren Städte wie **Nürnberg** und **Regensburg**,
deren mittelalterliche Architektur und enge
Gassen eine besondere Atmosphäre schaffen.
Weiter südlich erreichen wir das Alpenvorland,
wo die Landschaft allmählich ansteigt und die
majestätischen Gipfel der Alpen in Sicht
kommen.
Die Route führt uns weiter bis in die Alpen hinein,
und wir überqueren die Bergkette auf einer
schnurgeraden Linie, die uns durch die dichten
Wälder und schroffen Gipfel führt. Auf unserem
Weg begegnen wir kleinen Dörfern und
Berghütten, die zwischen den Bergen eingebettet
liegen und eine ruhige Abgeschiedenheit
ausstrahlen.

5. Durch Österreich und Slowenien – Ins Herz der Alpen und weiter in den Süden

Nach der Überquerung der Alpen führt uns
unsere Linie weiter nach **Österreich**, wo wir die
Städte **Salzburg** und **Graz** durchqueren. Salzburg,
die Stadt Mozarts, liegt auf unserer Route und

beeindruckt mit ihrer barocken Architektur und den Alpen im Hintergrund.

Hinter Graz setzen wir unsere Reise nach **Slowenien** fort. Die Landschaft ist hier bergig und grün, und die Route führt uns durch die dichten Wälder und malerischen Täler dieses kleinen, aber wunderschönen Landes. Die slowenische Hauptstadt **Ljubljana** liegt auf unserer Linie und bietet eine charmante Mischung aus mediterranem und alpinem Einfluss.

6. Durch Kroatien und die Adriaküste

Weiter entlang unserer Route erreichen wir **Kroatien** und die Adriaküste. Hier verläuft die Linie entlang des kristallklaren Wassers der Adria, und die Landschaft ist geprägt von felsigen Küsten, Olivenhainen und Pinienwäldern. Wir passieren die Stadt **Zagreb** und setzen unseren Weg in Richtung Süden fort, wo die Küste und das Meer uns eine atemberaubende Kulisse bieten.

Die Städte **Split** und **Dubrovnik** liegen auf unserem Kurs, und die historischen Mauern und die verwinkelten Straßen dieser alten Städte vermitteln ein Gefühl von mediterraner Geschichte und Kultur. Die Route führt uns entlang der kroatischen Küste, vorbei an kleinen Inseln und türkisblauem Wasser, das im Sonnenlicht glitzert.

7. Über Montenegro nach Griechenland

Nach Kroatien führt uns unsere Route weiter nach **Montenegro**. Die Berge und die zerklüfteten

Küstenlinien schaffen eine raue, ungezähmte Landschaft, die in ihrer Wildheit fasziniert. Wir durchqueren die Hauptstadt **Podgorica** und setzen unsere Reise durch die Bergregionen Montenegros fort, bis wir die Grenze zu **Albanien** erreichen.

Nachdem wir Albanien durchquert haben, erreichen wir schließlich **Griechenland**. Die Landschaft verändert sich hier zu einer mediterranen, warmen Umgebung, die von Olivenhainen, Zypressen und antiken Ruinen geprägt ist. Unsere Linie führt uns durch Städte wie **Thessaloniki** und weiter südlich durch das ländliche Griechenland, das voller Geschichte und Legenden steckt.

---

8. Die Türkei – Von Istanbul bis in die anatolische Steppe

Unsere Linie führt uns weiter nach Osten, und wir überqueren die Grenze zur **Türkei**. Die Route bringt uns direkt nach **Istanbul**, die Stadt am Bosporus, die Europa und Asien miteinander verbindet. Istanbul ist eine pulsierende Metropole, deren Moscheen, Basare und Paläste von einer reichen Geschichte erzählen. Wir durchqueren diese faszinierende Stadt und setzen unseren Weg weiter in die anatolische Steppe fort. Anatolien erstreckt sich endlos vor uns, und die weite, offene Landschaft wechselt zwischen Grasflächen und trockenen Ebenen. Die Route führt uns durch Städte wie **Ankara** und weiter in die ländlichen Gebiete der Türkei, wo die Natur von einer kargen Schönheit geprägt ist.

9. Über den Iran – Berge, Wüsten und antike Städte

Nachdem wir die Türkei durchquert haben, erreichen wir die Grenze zum **Iran**. Unsere Linie führt uns durch die westlichen Bergregionen des Landes, die von schroffen Felsen und tiefen Tälern geprägt sind. Der Iran ist ein Land voller Geschichte, und unsere Route bringt uns durch antike Städte wie **Teheran** und **Isfahan**, die mit ihrer islamischen Architektur und den Basaren faszinieren.

Weiter östlich durchqueren wir die großen Wüsten des Irans, die Kavir und die Lut, deren weite Sandflächen und Felsformationen eine einzigartige Kulisse schaffen. Die Route führt uns durch kleine Oasenstädte, die wie grüne Inseln in der Wüste wirken, und wir setzen unsere Reise unbeirrt fort.

---

10. Pakistan und Indien – Vom Indus-Tal zum Himalaya

Unsere Reise führt uns weiter nach **Pakistan**, und die Linie verläuft durch das fruchtbare **Indus-Tal**, eine Region voller Felder und kleiner Dörfer, die entlang des Flusses liegen. Städte wie **Lahore** und **Islamabad** liegen auf unserem Weg, und die historische und kulturelle Vielfalt Pakistans wird hier spürbar.

Nach Pakistan erreichen wir **Indien** und setzen unseren Weg durch das nördliche Indien fort. Die Route führt uns durch das Himalaya-Vorland und weiter in die grüne, üppige Landschaft des Ganges-Beckens. Städte wie **Delhi** und **Agra**

liegen auf unserem Kurs, und wir durchqueren die
reiche Kultur und die dichte Geschichte Indiens.

11. Über das Himalaya-Gebirge nach Tibet
Weiter nach Osten führt uns unsere Linie in das
majestätische **Himalaya-Gebirge**, wo die
Landschaft von schneebedeckten Gipfeln und
tiefen Tälern geprägt ist. Wir überqueren die
Berge und gelangen nach **Tibet**, das "Dach der
Welt", mit seinen kargen Hochlandebenen und
den tief verwurzelten buddhistischen Traditionen.

12. Durch das Hochland von China und Südostasien
Nach Tibet führt uns unsere Linie weiter nach
China, und wir durchqueren das Hochland im
Süden des Landes. Die Route führt uns durch die
Region **Yunnan**, die für ihre Berge und die
subtropische Vegetation bekannt ist, und weiter
in die dichten Wälder Südostasiens.

13. Über den Pazifik und zurück nach Europa
Unsere Linie verläuft weiter über das Meer und
durchquert den Pazifik, bis wir die Küsten von
Südamerika erreichen. Nach einer weiten Reise
über den Kontinent kehren wir schließlich nach
Europa zurück und finden uns wieder auf dem
Marienplatz in Schwerin ein.